LES DEUX VEUVES,

COMÉDIE
EN DEUX ACTES
EN VAUDEVILLE,

Représentée pour la première fois sur le Théâtre du Vaudeville, le 22 frimaire, 5.me Année.

Par J. A. SÉGUR le jeune.

A PARIS,

Chez HUET, Libraire, Editeur de Pièces de Théâtre et de Musique, rue Vivienne, N.º 8.

An Cinquième (1797).

LES DEUX VEUVES,

COMÉDIE
EN DEUX ACTES
EN VAUDEVILLE,

Représentée pour la première fois sur le Théâtre du Vaudeville, le 22 frimaire, 5.me Année.

Par J. A. SÉGUR le jeune.

A PARIS,

Chez HUET, Libraire, Editeur de Pièces de Théâtre et de Musique, rue Vivienne, N.º 8.

An Cinquième (1797).

COUPLET D'ANNONCE.

Nos Veuves rivales et sœurs,
Et toutes deux un peu coquettes,
Du doux suffrage de vos cœurs
Seroient vaines et satisfaites ;
Et si votre indulgent accueil
Ecarte la critique austère,
Ce jour verra finir leur deuil
Par l'espoir de vous plaire.

PERSONNAGES.	ACTEURS.
CÉLICOUR, jeune Officier.	M. Henry.
CONSTANCE } jeunes Veuves.	Mme Sara.
LAURE	Mme Delaporte.
JUSTINE, Suivante des deux Veuves.	Mlle Mollière.
LAFLEUR, Valet de Célicour.	M. Carpentier.

La scène se passe chez Mesdames Dolval, dans une Ville assiégée.

On voit, par une fenêtre, l'intérieur des fortifications..... Il y a dans le salon un déjeûner à l'anglaise préparé sur une table, un canapé à côté, et une chaise : de l'autre côté du théâtre, une table à écrire, et un fauteuil.

LES DEUX VEUVES,

COMÉDIE EN DEUX ACTES.

ACTE PREMIER.

SCENE PREMIÈRE.

LAFLEUR *seul, une lettre à la main.*

C'est une cruelle chose que d'habiter une ville assiégée! Diable! quelle nuit! je n'ai pas fermé l'œil. Des coups de canon, des bombes! ils nous en ont encore jeté quelques-unes en se retirant. Mais il faut espérer que la sortie que l'on doit faire aujourd'hui, chassera tout-à-fait ces Messieurs décidément ; quoique je serve un militaire, je n'aime point la guerre.

AIR : *Il n'est de plaisir qu'en famille.*

A la faire on est entêté.
Pour moi, je vois, sans être habile,
Que ce n'est, dans la vérité,
Qu'aux fournisseurs qu'elle est utile ;
De ces gens l'art est si savant,
Que sans aspirer à la gloire,
Une défaite, bien souvent,
Devient pour eux une victoire.

Je ne me suis pas trompé ; je suis bien chez Mesdames Delval.... attendant l'heure d'être admis pour remettre cette lettre de la part de mon maître.... à une des deux sœurs.... et à laquelle? Ma foi, je n'en sais rien, car l'adresse ne l'indique pas. J'ai peur de faire quelques bévues; attendons : M. Célicour va venir; il se fâchera s'il veut de ce que je ne me suis pas acquitté de sa commission : pourquoi fait-il des étourderies?... Justement le voici lui-même.

SCÈNE II.

LAFLEUR, CÉLICOUR.

CÉLICOUR *de la coulisse se montrant à moitié.*

LAFLEUR, puis-je entrer?

LAFLEUR.

Oui, Monsieur, on me l'a dit : ces dames ne sont pas encore visibles; mais dans un moment elles viendront déjeûner ici.

CÉLICOUR.

Combien j'ai d'impatience de les voir!

LAFLEUR.

Parbleu, Monsieur, dans une ville assiégée, au milieu des horreurs de la guerre, pouvez-vous vous occuper d'amour, de mariage?

CÉLICOUR.

Tais-toi; fais-moi grace de ta morale. Au reste, rassure-toi : le siège sera bientôt levé.... Nous allons faire une sortie aujourd'hui..... Passer ainsi sa vie, entre la gloire et l'amour, est une chose qui me charme.

Air : *La charge de l'infanterie.*

Se battre dès le point du jour,
　　Voler à la victoire,
Quand le soir vient, parler d'amour,
　　Aimer, chanter et boire,
Le guerrier vainqueur de retour,
　　Espere une couronne,
Et court au temple de l'amour
　　Présenté par Bellone.

LAFLEUR.

Oui; mais le héros trop souvent
　　Maltraité par Bellonne,
Ne peut, hélas! en revenant,
　　Jouir de sa couronne.

Ah! Monsieur, si vous saviez combien cette conduite brillante vous donne de réputation dans la ville! les femmes ne parlent que de vous, et sur-tout de l'idée de donner cette redoute deux fois par semaine, jusqu'à ce que le siège soit levé : on sait qu'elle est de vous. Quel homme que ce M. Célicour, disent-elles toutes !

Air : *Fanfare de St.-Cloud.*

Attaquant femme ou redoute
Avec intrépidité,
Chacune d'elle redoute
Son feu, sa vivacité.
S'il emporte une redoute,
Il revient plein de gaîté;
Et dans une autre redoute,
Il n'est pas moins redouté.

Qu'il est charmant, dit l'une ! Ah! que j'aime ce M. Célicourt, dit l'autre ! Ah! dit une troisième, il ne lui sera pas prendre la place; mais il prendra bien des cœurs....

CÉLICOUR.

Allons, finis ton radotage... Ma lettre est remise apparemment ?

LAFLEUR.

Non, Monsieur, la voilà... Il faut que vous mettiez mieux l'adresse.

CÉLICOUR.

Comment, imbécille ! tu ne l'as pas donnée ? J'arrive ce matin chez mesdames Delval, dans l'espoir qu'hier, en sortant du bal, elles ont reçu ma lettre; qu'elle aura produit tout l'effet que j'en attends...

LAFLEUR.

Monsieur, je sortais hier au soir pour la porter, lorsqu'une bombe, que j'ai rencontré...

CÉLICOUR.

Poltron !

LAFLEUR.

Ma foi, monsieur, on reculerait à moins.

CÉLICOUR.

Je suis d'une fureur contre toi...

LAFLEUR.

Diable ! aussi, monsieur, vous me feriez perdre la tête. Un bal, une sortie, des tambours, des tambourins, des flageolets, des canons, je n'y tiens pas; d'ailleurs il faut que vous vous décidiez à laquelle des sœurs la lettre doit être remise.

CÉLICOUR.

Cela m'est impossible, Lafleur. Remarque bien que ces

deux jeunes veuves sont charmantes : l'une vive, piquante, spirituelle; l'autre touchante, sensible, douce...

LAFLEUR.

Toutes deux riches également, voilà ce que j'en aime le mieux.

CALICOUR.

Quant à la richesse, je ne m'en soucie guère.

AIR : *Ne v'là-t-il pas que j'aime ?*

Je vais te parler franchement,
 Et t'étonner peut-être ;
Beaucoup de riches du moment
 Dégoûteraient de l'être.

Mesdames Delval sont toutes deux coquettes pour moi également. A leur manière, toutes deux remplies de graces, toutes deux enfin jolies à tourner la tête ; choisira qui voudra, qui pourra, ce ne sera pas moi.

AIR : *Je l'aime tant.*

Si l'une a su me décider
Par une grace séduisante,
A mon cœur prêt à lui céder,
Aussitôt l'autre se présente.
Entre l'amour et le désir,
Mon ame hésite, embarrassée :
Que dois-je en croire pour choisir,
Ou mes regards, ou ma pensée ?

La brune inspire un doux penchant ;
La blonde est charmante, adorable.
L'une a l'air tendre et si touchant :
L'autre est peut-être plus aimable :
La brune a le regard piquant,

La blonde est de graces un modèle.
Si l'une me fixe un moment,
Je crois à l'autre être infidèle.

LAFLEUR.

Enfin, monsieur, voilà pourquoi...

CÉLICOUR.

Voilà pourquoi j'adresse cette lettre......

LAFLEUR.

A toutes deux ?...

CÉLICOUR.

Eh ! oui, sans doute.

LAFLEUR.

Il me semble cependant que vous ne pouvez pas les épouser toutes deux.

CÉLICOUR.

Je suis d'une méfiance excessive ; il ne s'agit plus d'une maîtresse ; c'est une femme que je prends, Lafleur ; malgré ma légèreté apparente, je songe à ne pas me repentir d'avoir écouté mon goût, plus que la raison.

LAFLEUR.

Ainsi, je vois que celle des deux sœurs qui prendra la lettre pour elle, sera celle que vous choisirez ?

CÉLICOUR.

Tu l'as dit.

LAFLEUR.

Allons donc, monsieur : quelle folie ! s'en rapporter au hasard !

COMÉDIE.

CÉLICOUR.

Il nous éclaire souvent mieux que notre propre choix.

LAFLEUR.

Avec tout cela, je suis sûr que dans le fond de votre cœur, vous donnez une préférence secrète à l'une de ces jolies Veuves.

CÉLICOUR.

Je ne le nie pas, Lafleur; et cette préférence n'est peut-être pas fondée : mais aujourd'hui une épreuve pourra m'éclairer... Combien je serais heureux, si je ne m'étais pas trompé !

O toi que mon cœur adore !
O toi qui sus me charmer !
A ta grâce joint encore
Une ame qui sache aimer.
C'est peu d'être la plus belle ;
Préserve-moi d'une erreur :
Sois aussi la plus fidèle ; } bis.
Réponds aux choix de mon cœur.

LAFLEUR.

De façon, monsieur, que vous ne voulez pas faire de ces mariages de fantaisies, qui souvent ne durent pas plus qu'une intrigue de comédie.

AIR : *Le lendemain.*

Non, rien n'est plus commode
Que de pouvoir, à l'abri
Des lois et de la mode,
Essayer femme ou mari ;
Le soir on forme une chaîne :
Déplait-elle le matin,
On s'en dégage sans peine
Le lendemain.

CÉLICOUR.

Allons, entre, et sache de Justine si tu peux remettre mon billet. Tu la connais, Justine?

LAFLEUR.

Oui, monsieur; nous nous adorions avant qu'elle n'entrât chez ces dames. — Mais nous sommes un peu brouillés depuis que le siège est commencé. — On a fait dans ce quartier un feu si vif, que le mien s'est éteint. Mais puisque vous voilà, si vous entriez chez ces dames?

CÉLICOUR.

Eh! non pas; il est important qu'elles ayent lu ma lettre avant que je me présente à elles. Je suis de jour; on doit faire une sortie : voir mesdames Delval avant le combat, me porterait bonheur; mais, je le répète, il faut d'abord qu'elles ayent reçu ma lettre... Je cours à mon devoir; il est tard : si je puis avoir un moment ce matin, je viendrai me jeter à ses pieds.

LAFLEUR.

A ses pieds!... Et aux pieds de laquelle?

CÉLICOUR *sort et revient.*

De l'une, ou de l'autre...

LAFLEUR.

Et peut-être de toutes deux.

CÉLICOUR.

A ton retour chez moi, prends soin de tout : n'oublie ni mon sabre ni mes bouquets. Passe chez le parfumeur, chez l'armurier, chez la bouquetière; charge tous mes

COMÉDIE.

pistolets d'arçon... Songe aux violons... Fais seller mes chevaux... Porte les billets de bal de demain chez toutes les dames de la ville... Retiens tout cela, et point de gaucherie. (*Il sort.*)

LAFLEUR.

Comme il court! et cela pour se battre! Je ne conçois pas cela moi!... Il faut donc absolument remettre cette lettre à ces dames : l'embarras est de savoir comment m'y prendre... Mais j'apperçois Justine.

SCÈNE III.

JUSTINE, LAFLEUR.

JUTINE *faisant la révérence.*

AIR : *L'avez-vous vu?*

Quoi! vous voilà?

LAFLEUR *rendant la révérence.*

Oui, me voilà.

JUSTINE.

C'est un bonheur bien rare;
Certes, de ces visites-là,
Monsieur est fort avare.

LAFLEUR *toujours la saluant.*

J'y perds le plus.

JUSTINE.

C'est moi, monsieur.

LAFLEUR.
Le remarquer est trop flatteur;
Vous me comblez.

JUSTINE.
Vous m'accablez.

LAFLEUR.
Adorable suivante,
C'est trop d'honneur.

JUSTINE.
De tout mon cœur;
Je suis votre servante.

(*Elle veut sortir.*)

LAFLEUR.

Ecoute donc... Je te dirai d'abord que ce n'est pas ma faute; beaucoup d'affaires, le siège, nos combats.

JUSTINE.

Ah! oui, je crois que tu y cours de grands dangers.

LAFLEUR.

Quand ce ne serait que pour les éviter... cela prend du tems : au reste, tu avoueras que tu a pris ton parti très-joliment; car je n'ai pas entendu parler de toi, pas un petit mot.

JUSTINE.

Ah! sans doute; ne fallait-il pas courir après monsieur? — Tiens, mon ami, je connais les hommes; les tourmenter ne sert à rien qu'à les éloigner encore davantage.

AIR : *Qu'une pauvre fille est à plaindre!*
On ne fixe point un volage
En voulant courir sur ses pas;

Les oiseaux, les amans ingrats,
Tout les deux craignent la cage,
Et n'évitent point nos lacs.
Les oiseaux, les amans ingrats,
Tous les deux craignent la cage,
Et n'évitent point nos lacs.
Sans les poursuivre, il faut attendre
Et s'occuper de l'appât,
Ne point les poursuivre, attendre
Et s'occuper de l'appât.
Les oiseaux, les amans viennent s'y prendre.

LAFLEUR.

Au bout de tout cela, mademoiselle veut-elle se raccommoder ?

JUSTINE.

Je te jure, monstre que tu es, que si je n'en mourrais pas d'envie, je te refuserais tout net.

LAFLEUR.

Mais tu aimes mieux céder à ton amour, qu'à la colère; ainsi, touche là.

JUSTINE.

Et de bien bon cœur.

DUO: *Escouto d'Janette.*

Quelle est la querelle
Qui doit en amour,
Réponds-moi, ma belle,
Durer plus d'un jour ?
Le cœur vieillit,
Le tems s'enfuit
A tire-d'aile.

JUSTINE.

Soins superflus,
Momens perdus
N'existent plus.

Ensemble. { Non, jamais querelle,
Ne doit en amour,
Pour l'amant fidelle,
Durer plus d'un jour.

LAFLEUR.

A présent que nous voilà réunis, regarde-moi, je suis un ambassadeur.

JUSTINE.

Toi! ambassadeur.... Dis donc tout au plus envoyé....

LAFLEUR.

C'est disputer sur les mots; pouvant avoir l'un ou l'autre de ces emplois, il ne faut que du bonheur à présent.

AIR.

Je puis, dans ma position,
En concevoir l'ambition;
Fondé sur cette opinion
Que par certaine faction,
Beaucoup ont eu des missions,
Qui faisaient des commissions.

JUSTINE.

Voyons donc, monsieur l'ambassadeur, le sujet de votre ambassade.

LAFLEUR.

Vois-tu cette lettre? Je dois la rendre, de la part de mon maître, à madame Delval.

JUSTINE.

A laquelle? L'une s'appelle Laure et l'autre Constance.

LAFLEUR.

Qu'est-ce que cela me fait?

JUSTINE.

COMÉDIE.

JUSTINE.

A qui ton maître adresse-t-il ce billet ?

LAFLEUR.

C'est son secret.

JUSTINE.

Par exemple, voilà du nouveau.... Je ne me charge point de ce message. Apprends, Lafleur, que nous aimons mieux que l'on ne pense pas à nous, que de nous donner un instant l'ombre d'une rivale.

LAFLEUR.

Apprends, Justine, qu'il n'y a pas un mot de vrai à ce que tu dis là. Une femme aime autant être morte qu'oubliée....

JUSTINE.

Puisque tu le sais, je te dirai que tu as raison, en parlant même de la plus sévère.

LAFLEUR.

Revenons à ma commission, car elle n'est point aisée.

JUSTINE.

Air : *Je suis un chasseur fort heureux.*

J'imagine un moyen.... écoute,
Et je crois qu'il doit réussir.
Pour déjeûner ici sans doute,
Les deux sœurs vont se réunir.
Puisqu'incertain dans sa tendresse,
Ton maître a si mal mis l'adresse,
Sur cette table laissons la.

LA FLEUR.

Oui, c'est bien dit, laissons la....
Elles approchent, les voilà.

B

JUSTINE.

Qui des deux voudra, la prendra.

ENSEMBLE.

La prendra des deux qui voudra.
(*Ils sortent et laissent la lettre sur la table.*)

LAURE *entrant la première.*

Eh bien, ce déjeûné n'est pas prêt, Justine ? Apportez donc le thé.

JUSTINE.

Le voilà, madame.

SCÈNE IV.

LAURE, CONSTANCE.

(*Elles arrivent en déshabillés du matin et se mettent à la table du déjeûner.*)

LAURE.

Je crains, ma sœur, que vous n'ayez eu raison ; nous déjeûnerons seules.

CONSTANCE.

Cela repose du monde : nous en avons tant vu hier à ce bal, et si long-tems ! Au reste, chacun à son goût.

AIR : *La croisée.*

Vous aimez l'éclat et le bruit ;
J'aime le calme et la retraite.
Les succès charment votre esprit,
Et moi j'en suis peu satisfaite.

Oui, je me suis fait un loi
Bien différente de la vôtre ;
Une ame plus souvent à soi,
A moins besoin d'une autre.

LAURE.

A propos de ce bal, avez-vous remarqué ce jeune capitaine de cavalerie qui était si occupé de nous ? Il est d'une figure intéressante.

CONSTANCE.

Oui.....

LAURE.

N'est-ce pas Célicour qu'on le nomme ?....

CONSTANCE.

Je le crois.

LAURE.

Il est très-aimable : je serais au désespoir qu'il lui arrivât quelque chose pendant le siège : on dit que c'est lui qui a conseillé à ses camarades de donner une redoute deux fois par semaine, jusqu'à ce que le siège fût fini.

CONSTANCE.

Je ne doute pas qu'il soit levé incessamment.

LAURE.

Savez-vous, ma sœur, que ce mélange de bravoure et de galanterie est brillant et plein de grace.

CONSTANCE.

On m'a dit de plus un bien infini de Célicour ; il est aimé, estimé.

LAURE.

Je vous dis, ma sœur, que sur tous les points il est charmant.

B 2

CONSTANCE.

Vous en parlez avec bien de la vivacité !

LAURE.

Comme d'un souvenir agréable.

AIR : *où s'en vont ces gais bergers.*

C'est comme un rêve charmant
Que dissipe l'aurore ;
On y pense doucement,
Son charme s'évapore :
La nuit vient alors en s'endormant ;
On veut rêver encore.

CONSTANCE *trouvant la lettre sur la table.*

Ah ! ah ! ma sœur ; vous n'avez pas vu ? Voilà une lettre; elle est à notre adresse.

LAURE *lisant l'adresse.*

A madame Delval.... Est-elle pour vous ?... Est-elle pour moi ?... C'est Justine qui doit l'avoir reçue ; sonnons.

CONSTANCE.

C'est le meilleur parti.

SCÈNE V.

LES PRÉCÉDENS, JUSTINE.

LAURE.

JUSTINE, est-ce vous qui avez mis cette lettre sur cette table ?

JUSTINE.

Oui, madame.

COMÉDIE.

CONSTANCE.

Et pourquoi ne pas nous l'avoir donnée tout simplement?

JUSTINE.

Lisez, madame ; voilà mon excuse.

CONSTANCE.

Sans doute vous ignorez aussi de qui elle vient?

LAURE.

Hé! qu'importe? Je suis sûre qu'elle regarde nos intérêts communs. On nous accable d'affaires depuis notre veuvage ; je vous l'abandonne volontiers.

JUSTINE *à part.*

Nous verrons si elle tiendra toujours le même langage.... (*Elle prend la lettre.*) (*Haut.*) Madame, ni madame ne veut que cette lettre soit pour elle ; il faudra donc que je l'ouvre?

CONSTANCE.

Donne, que cela finisse.

LAURE.

Je me retire sans vouloir seulement l'entendre. (*Elle fait quelques pas pour sortir.*)

CONSTANCE *lisant la lettre.*

Ah! ah! mais c'est une déclaration dans toutes les formes.

LAURE *s'arrêtant et revenant avec vivacité....*
Que dites vous, ma sœur?... une.... déclaration....

CONSTANCE.

Ah!.... très-claire.

LES DEUX VEUVES,

JUSTINE.

Mais madame se retire.

LAURE.

Non, la bienséance veut que ma sœur et moi nous réfléchissions sur une chose aussi imprévue et aussi singulière.

CONSTANCE.

Je pense absolument le contraire ; une lettre d'un inconnu, et dans une forme pareille, est peu flatteuse...... Ma sœur, je vous laisse seule chargée de la réponse. (*Elle fait quelques pas pour sortir.*)

JUSTINE *à part.*

D'un mot je la ferai bien revenir. Ah! tout comme sa sœur. (*haut.*) Bon! que je suis étourdie! Je ne sais pas précisément de qui est la lettre.... Mais je me souviens à présent que c'est Lafleur, domestique de M. Célicour, qui me l'a remise.

CONSTANCE *s'arrêtant.*

Tu dis, Justine, qu'elle est ?....

JUSTINE.

Peut-être de M. Célicour... Un capitaine de carabiniers.

CONSTANCE *en revenant lentement.*

Vous faites bien mal les commissions.

LAURE.

Ah! ah! ma sœur, ce nom aurait-il une sorte d'attrait pour vous? Vous revenez.

CONSTANCE *s'arrêtant.*

Moi, ma sœur!

COMÉDIE.

LAURE.

Non, je me trompais. Pardon, vous ne vous en allez pas... Et cela parce que vous êtes raisonnable, et que cet aveu ne vous choque pas plus que moi.

JUSTINE.

Au moins, relisez encore, madame ; peut-être, dans le style, trouverez-vous quelque chose qui indique à qui s'adresse la lettre.

CONSTANCE.

Lisez, ma sœur.

LAURE.

Donnez. (*Elle lit.*)

« Madame, que je dirais une chose hardie, en osant prononcer que je vous aime ! Au moins puis-je espérer de l'indulgence ; on se fâche moins de ce que l'on entend si souvent... D'ailleurs, madame, votre sœur qui m'a témoigné tant de bonté, plaidera peut-être ma cause auprès de vous : un peu d'humanité doit se joindre aux graces qui la distinguent ; et comment ne pas juger avec prévention cette sœur adorable, à qui j'adresserais cette lettre, si je ne vous avais pas voué pour jamais toute mon existance. Puis-je espérer que si j'ose vous faire ma cour, votre porte ne me sera pas défendue ? »

TRIO *du barbier de Séville.*

LAURE.

Est-ce à moi qu'elle s'adresse ?
J'ai le droit de l'espérer.

CONSTANCE.

Est-ce à moi qu'elle s'adresse ?
Ah ! je n'ose l'espérer.

JUSTINE *à part.*

Il y met de la finesse ;
Il doit tout en espérer.

CONSTANCE.

Ah ! quelle est donc ma faiblesse ?
Je ne sais que désirer.

LAURE.

C'est à moi qu'elle s'adresse ;
Tout me le fait espérer.

JUSTINE.

Jamais on eût plus d'adresse ;
Il doit tout en espérer.

Pour moi je ne serais pas assez hardie pour décider.

LAURE.

Voyons, relisons cette phrase... « Madame, votre sœur qui m'a témoigné tant de bonté. » Je me souviens bien que j'ai cherché à lui paraître aimable ; j'ai peut-être à me reprocher (le connaissant fort peu) de l'avoir écouté trop long-tems.

CONSTANCE.

Je ne crois pas qu'il ait à se plaindre de moi........ Son obligeance me l'a prouvé.

LAURE *à part.*

Elle ne cédera pas.

CONSTANCE *à part.*

Combien elle tient à ce billet !

LAURE.

Le doute dans lequel il nous laisse est odieux.

COMÉDIE.

JUSTINE.

Assurément....

LAURE.

Sans la crainte d'être impolie, je consentirais à ce que ma sœur répondît seule.... Je ne doute pas que la lettre ne soit pour elle.... (*à part.*) Je n'en pense pas un mot.

CONSTANCE.

Oui, la lettre s'explique si mal.... On craint d'être désobligeante; mais je suis bien sûre qu'elle est pour ma sœur.... (*à part.*) Ah! combien je le crains.

JUSTINE.

Mesdames, il faut vous retirer de cette cruelle position.

AIR : *enivré du brillant poste.*

Je sens toute la colère
Que vous cause cet écrit;
Il faut suivre, en cette affaire,
Moins son cœur que son esprit.
Je vais chercher le coupable;
Je l'amène, s'il nous fuit :
Nous verrons s'il est capable
De penser ce qu'il écrit.

(*Elle sort en courant.*)

CONSTANCE *la suivant.*

Justine.... Justine : quelle étourderie !

SCENE VI.

LAURE, CONSTANCE.

DUO *de la Rosière.*

LAURE.

Ecoute-moi, ma chère ;
Ecoute, écoute ;
Parle-moi franchement.

CONSTANCE.

Je suis toujours sincère.

LAURE.

Pas tant, pas tant.
Célicour sait vous plaire ;
Je le lis dans vos yeux.

CONSTANCE.

En ferais-je un mystère ?

LAURE.

Il plait à toutes deux.
Ma sœur, il faut s'entendre ;
Il vaut mieux nous entendre.

CONSTANCE *à part.*

Dois-je en croire un espoir flatteur ?
Est-ce à moi qu'il garde son cœur ?

LAURE.

Si j'en crois un espoir flatteur,
C'est à moi qu'il garde son cœur.

COMÉDIE.

CONSTANCE.

Est-ce à moi qu'il garde son cœur ?

LAURE.

C'est à moi qu'il garde son cœur.

(*A part.*) Enfin, je ne parviendrai pas même à savoir s'il lui plaît.

SCÈNE VII.

LES PRÉCÉDENS, JUSTIN

JUSTINE.

Mesdames, vos doutes vont être éclaircis.

CONSTANCE.

Tu sais pour qui est la lettre ?

LAURE.

Le mot de l'énigme est donc expliqué ?

JUSTINE.

Pas tout-à-fait ; mais voilà l'auteur... (*A Célicour dans la coulisse*) Entrez, monsieur, ces dames le permettent.   (*Elle sort.*)

SCÈNE VIII.

LES DEUX SŒURS, CÉLICOUR.

CÉLICOUR.

Mesdames, c'est avec une timidité respectueuse que j'ose me présenter devant vous; vous allez peut-être me traiter en coupable, quand j'ai tant besoin d'indulgence et de bonté.

CONSTANCE.

Vous ne pouvez vous dissimuler, monsieur, que votre démarche n'ait été un peu légère.

LAURE.

Sur-tout quand l'incertitude, sur l'objet qui l'a inspirée, semble encore ajouter au mécontentement que l'on peut en avoir.

CÉLICOUR.

De l'incertitude, mesdames!... Quoi! celle à qui j'ai offert mon hommage, n'a pas vu, senti... que ma lettre lui était adressée. Je suis bien malheureux!...

LAURE *à part*.

Je crois qu'il vient de me regarder, c'est même sûr.

CONSTANCE *à part*.

Si j'osais, je prendrais ce reproche pour moi.

CÉLICOUR.

AIR : *Des femmes vengées.*

Si de l'objet que l'on séduit,
L'hommage en secret sait nous plaire,

Un seul regard aisément dit
Ce que sa bouche veut nous taire.
Vous ne pouvez pas oublier
L'art de pénétrer ce qu'on pense;
Car c'est l'amour qui le premier
Sut interpréter le silence.

LAURE, *bas à Célicour.*

Moi, je n'entends que ce qu'on me dit bien.

CÉLICOUR.

Mesdames, pardon; je vais peut-être vous paraître bien ridicule, bien hardi; mais puisque celle que j'adore à présent malgré moi, n'a pas daigné m'entendre, je profite d'un doute qui met (non mon amour-propre), mais ma sensibilité à l'abri, et je jure de prolonger ce doute heureux jusqu'à l'instant où je croirai pouvoir m'expliquer sans essuyer un refus trop pénible à supporter.

LAURE.

Eh bien, monsieur, vous ne serez qu'impatientant et impoli.

CONSTANCE.

On pourrait ajouter très-coupable, et manquant de déférence, d'égards.

CÉLICOUR.

D'égards! Ah! madame.

CONSTANCE.

AIR : *Du secret et l'on doit tout à la nature.*

Qu'il nous prépare de regrets,
Celui qui, pour mieux nous surprendre,
Confond dans ses vœux indiscrets

LES DEUX VEUVES,

La plus légère et la plus tendre
D'un coupable et fatal succès !
Souvent la vanité trop sure,
Hélas ! a troublé pour jamais
Une ame aussi tendre que pure.

CÉLICOUR.

Il faudrait, madame, pour que je prisse la leçon pour moi, que je n'eusse pas fait un choix ; que mon cœur fût incertain, et vous me le prouverez difficilement.

LAURE *lui rendant la lettre.*

Ce que nous vous prouverons au moins, c'est qu'il faut que vous repreniez cette lettre, à moins que le nom de Laure ou celui de Constance ne soient mis sur l'adresse.

CONSTANCE.

Monsieur, je pense que Laure a raison.

CÉLICOUR.

Constance ! Laure ! ces deux noms sont charmans !... Voilà la première fois que j'apprends que vous les portez. — Je suis donc plus excusable. — Ah ! Constance...

LAURE *en montrant la table à Célicour.*

Allons, allons, monsieur. — Ecrivez.

CONSTANCE.

Mais ! — Laure...

TRIO *de Félix.*

(*Célicour s'approche de la table, prend la plume, et au moment d'écrire, il la rejette aussi-tôt.*)

CÉLICOUR.

Eh quoi ! pouvez-vous me contraindre
De vous dévoiler mon secret ?

COMEDIE.

LAURE.
Si vous balancez, c'en est fait ;
On vous bannira sans vous plaindre.

CONSTANCE.
En parlant, que pouvez-vous craindre ?

CÉLICOUR.
L'une de vous se fâcherait ;
Je sens que j'aurais moins à craindre,
Si l'une de vous seule m'écoutait.

CONSTANCE et LAURE.
Mais qu'en pensez-vous ?
Consentirons-nous
A ce qu'il désire ?
Tout bas je soupire :
Ah ! que ferons-nous ?

CÉLICOUR.
Que décidez-vous ?

CÉLICOUR.	LES DEUX SOEURS.
	Consentirons-nous ?
	Ah ! que ferons-nous ?
Pour que l'on m'éclaire,	Pour qu'il nous éclaire,
Qui d'elles voudra,	Qui de nous voudra,
Qui d'elles pourra	Qui de nous pourra
Sortir la première ?	Rester la première ?

CÉLICOUR.
(*On entend un bruit de tambours, de trompettes, et battre la générale.*)

Là ! je vous l'avais bien dit : nous avons perdu du tems ; il faut nous quitter.

LES DEUX VEUVES,

LAURE.

Eh quoi ! déjà Célicour... Et sans parler.

CONSTANCE.

Vous allez vous exposer.

CÉLICOUR.

Daignez penser à moi ; cela me portera bonheur.

AIR : *Je pars pour l'armée.*

Mon silence vous importune ;
Mais il m'est encor précieux.
En suivant la route commune,
En osant expliquer mes feux,
Je n'aurais eu les vœux que d'une ;   } Bis.
J'espère en intéresser deux.

(*Il sort.*)

SCÈNE IX.

LES DEUX SOEURS.

LAURE.

Le voilà parti, et nous dans la même incertitude. En vérité, ce procédé est sans exemple... Je crois, ma sœur, que ce serait un époux insupportable. (*à part.*) Ah ! si je pouvais l'en détacher !

CONSTANCE *à part.*

En penserait-elle du mal ? Quel bonheur !
(*On entend un bruit de guerre, le canon, la charge.*)

LAURE.

COMÉDIE.

LAURE.

Il est impardonnable d'être parti sans s'exprimer autrement que par ses regards.

CONSTANCE.

Comment ses regards ?

LAURE.

Sans doute je m'entends ; au reste, ma sœur, s'il a gardé le silence, c'est votre faute ; c'est vous qui lui en imposez avec votre air froid et glacé.

CONSTANCE.

Ah ! sûrement, la légèreté et l'air de folie inspirent tant de confiance !....

DUO. AIR : *Une fille est un oiseau.*
(*Ce duo doit être accompagné par des coups de canon, qui redoublent à la seconde partie.*)

LAURE.
Il aurait parlé sans vous ;
Oui, ma sœur, oui, j'en suis sûre.

CONSTANCE *à part.*
Je le vois, son cœur murmure
Que l'on balance entre nous.

LAURE.
Votre air composé, sévère.

CONSTANCE.
Sa grace vive, légère.

LAURE.
Certes, ne doit pas lui plaire.

CONSTANCE.
A ses yeux a mille appas.

C

LAURE.
Des amans fuyez l'hommage,
C'est peut-être un goût très-sage;
Mais ne les éloignez pas. (*Bis.*)

Ensemble. { Mais, ô ciel ! le bruit redouble.
{ Mais, ô ciel ! le bruit redouble.

CONSTANCE.
Dieux ! comment cacher mon trouble ?
Quels dangers il va courir !

LAURE.
Le verrons nous revenir ?

CONSTANCE.
Le verrons nous revenir ?
Chaque coup porte à mon ame !

LAURE.
Je crois voir d'ici la flâme !

CONSTANCE.	LAURE.
Dût-il parler devant nous,	Il aurait parlé sans vous ;
Non, ma sœur, non, j'en suis sûre,	Oui, ma sœur, oui, j'en suis sûre,
Et votre cœur qui murmure	Bon, bon, votre cœur murmure
Est injuste en son courroux ;	Que l'on balance entre nous ;
Sa grace vive, légère — *Bis.*	Votre air pédant et sévère,
Rendra mes vœux superflus.	Certes, ne doit pas lui plaire.
A cette coquetterie,	Grace à votre pruderie,
Je ne le reverrai plus.	Nous ne le reverrons plus.

(*Elles sortent en colère, chacune de leur côté.*)

Fin du premier acte.

COMEDIE.

ACTE SECOND.

SCÈNE PREMIÈRE.
LAFLEUR seul.

(*Il entre gaîment en se frottant les mains.*)

VOILA donc le siège levé ! J'en étais sûr. Ma foi nous nous sommes bien battus. — Quand je dis nous.... Enfin, l'ennemi s'est retiré ; nos gens ont fait des prodiges...... Et je puis dire que je ne les ai pas mal aidés, --du moins par mes vœux.

AIR : *Des deux avares.*

Les voilà partis,
Mes vœux sont remplis;
Enfin je n'ai plus peur,
Je retrouve ma valeur.

A présent, occupons nous de M. Célicour ; Justine m'a donné rendez-vous, et ne vient pas... Il est pourtant très-nécessaire que je lui parle du projet de mon maître...... La mettrai-je, ou non, dans ma confidence ? Elle est fine, elle me pénétrerait.... Ma foi, disons lui tout ; il faut se donner le mérite de la confiance quand on est sûr d'être deviné : mais la voici.

SCÈNE II.

JUSTINE, LAFLEUR.

LAFLEUR.

Air : *Non, je ne ferai pas.*

Depuis assez long-tems je t'attendais, ma chère ;
Ton retard commençait enfin à me déplaire.

JUSTINE.

De quoi se plaint monsieur, puisqu'enfin de plaisir,
Promettre c'est donner, espérer c'est jouir ?

LAFLEUR.

C'est ce que l'on répète tous les jours à nos créanciers ; mais cela ne réussit pas.... Dis-moi, où sont ces dames ?

JUSTINE.

Dans leur chambre qui domine les remparts.

LAFLEUR.

Et sans doute pour s'assurer plutôt de l'issue du combat.

JUSTINE.

Tu l'as dit.

LAFLEUR.

Tant mieux, mon enfant.

Air : *Par la légèreté.*

Un péril si pressant,
Dont l'amitié frissonne,
Répand sur la personne
Un charme intéressant ;

Le charme entraîne
Et conduit au goût;
Le goût à l'amour mène,
Et l'amour mène à tout.

JUSTINE.

L'amour ! Ah ! je te réponds qu'elles n'en sont pas loin toutes deux.

LAFLEUR.

Elles doivent savoir à présent que nous sommes vainqueurs, que le siège est levé.... Victoire complette.

JUSTINE.

Quel bonheur !

LAFLEUR.

Il faut que celle-ci nous en vaille un autre : mais pour y parvenir, nous avons un projet.... extravagant peut-être !

JUSTINE.

Et ce projet, quel est-il ?

LAFLEUR.

Ma chère Justine, parle-moi franchement, je te parais un joli garçon ?

JUSTINE.

Mais, oui, un assez joli garçon !

LAFLEUR.

Ah ! quand tu dirais fort joli, tu ne serais pas la seule. Mais n'importe :---- Eh bien ! mon enfant, imagine que tu me vois arriver d'un combat.

LES DEUX VEUVES,

Air: *Lison dormöit.*

Boitant au sortir de la charge,
Jambe par-ci, jambe par là;
L'œil sous un emplâtre bien large,
Le bras tordu comme cela:
Comment paraîtrais-je à Justine,
Si Mars ainsi me mutilait?

JUSTINE.

Ma foi, très laid. — (*Bis.*)
Je ne suis pas une héroïne.

LAFLEUR.

L'amour au moins tiendroit-il bon?

JUSTINE.

Mon cher ami, je crois que non.

LAFLEUR.

En ce cas, M. Célicour est perdu.

JUSTINE.

Comment! qu'est-ce que cela signifie?

LAFLEUR.

Air: *Le briquet.*

Eh bien, cet emplâtre énorme,
Au milieu du front placé;
Ce bras démis ou cassé,
Ce bandeau noir et difforme,
Ce genou roide et tortu....

JUSTINE.

Mais, Lafleur, finiras-tu? — (*Bis.*)

LAFLEUR.

Tous ces fruits de la victoire,
Fruits peu tentans à mon gré,
Mon maître en est décoré.

JUSTINE.

Que dis-tu? Dois-je te croire?
Ton maître est blessé? Grand dieu!

LAFLEUR

Mon enfant, ce n'est qu'un jeu.

JUSTINE.

Ce n'est qu'un jeu.

LAFLEUR.

Ce n'est qu'un jeu.

Il n'est point blessé, mais il est fou. Lui-même il s'est paré de tous les agrémens dont je viens d'égayer tes yeux.

JUSTINE.

Mais pourquoi? Quel est son but?

LAFLEUR.

Ah! Justine, c'est que nous autres nous ne traitons pas le sentiment comme tout le monde. Admire ici la délicatesse la plus rafinée, -- la plus romanesque si tu veux. -- Mon maître, comme je te l'ai dit, est, en amour, d'une méfiance excessive; il s'est mis dans la tête d'être aimé pour lui-même, indépendamment de sa tournure élégante; le combat lui présentait une occasion, s'il ne recevait pas une balle et bonne blessure bien réelle, d'en supposer une qui lui coûtât œil, bras ou jambe; et c'est ce qu'il a fait.

JUSTINE.

Quoi! tu ne plaisantes pas, Lafleur? Ton maître feindrait d'être blessé pour éprouver ces dames?

LAFLEUR.

Tu vas le voir entrer, borgne, boiteux et balaffré.

JUSTINE.

Comment! il a cru qu'en se défigurant il plairait davantage?

LAFLEUR.

Davantage, non, mais tout autant; et celle de ces deux dames qui n'aura pas de répugnance pour un amant invalide, lui paraîtra seule mériter son amour.

AIR : *On veut avoir ce qu'on n'a pas.*

Que penses-tu de ses projets
Et de l'espoir dont il se flatte?
Attendrais-tu quelques succès
De cette épreuve délicate?

JUSTINE.

Oui, l'épreuve est très-délicate.
Je t'avouerai mon embarras.

LAFLEUR.

Celui des deux sœurs, en ce cas,
Sera sans doute égal au nôtre.

Mais enfin, qu'en penses-tu?

JUSTINE.

De soi l'on ne répondrait pas,
Et pourroit-on.... (*Bis.*)
Pourroit-on répondre d'un autre?

COMÉDIE.

LAFLEUR.

N'importe, pour laquelle des deux parirais-tu ?

JUSTINE.

C'est mon secret ; mais je crois connaître celle qui triomphera du piège que ton maître lui tend.

LAFLEUR.

Alors il faut nous aider.

JUSTINE.

Faire un mensonge.

LAFLEUR.

Pour faire deux heureux.

JUSTINE.

M'assures-tu que ton maître le mérite ?

LAFLEUR.

Oui.

JUSTINE.

Tu me décides. — Désole-toi bien haut de la blessure de Célicour. Je te consolerai de mon mieux ; tu seras inconsolable. — Ces dames t'entendront ; elles viendront ; et de-là ton récit....

LAFLEUR.

Bien, j'en ris d'avance.

JUSTINE.

Pleure.... en attendant, car j'en entends une qui vient.

LAFLEUR.

AIR : *De la négresse, arrangé par Chardini.*

> Ah ! fatale blessure ;
> Maudits soient les combats ;
> La plus belle figure
> Est donc détruite, hélas !

Dans l'histoire et la fable,
Le canon plus traitable,
En faveur des amours,
Laissait presque toujours
Un héros présentable.
Célicour ne l'est pas :
Hélas ! hélas ! Maudits soient les combats.

SCÈNE III.

JUSTINE, LAFLEUR, LAURE.

LAURE. *Elle arrive et entend la fin du couplet.*

Justine, qu'a donc ce pauvre garçon ?

JUSTINE.

Ah ! Madame, vous ne l'apprendrez que trop-tôt ; son malheureux maître....

LAURE.

Eh bien ! achève ; tu me fais frémir.

JUSTINE.

Dans cette fatale sortie....

LAURE.

Il a péri.

LAFLEUR.

Non, madame ; mais cela vaudrait peut-être mieux.

JUSTINE.

AIR : *Daignez m'épargner le reste.*

Commence ; allons, mon cher Lafleur.

COMÉDIE.

LAFLEUR.
Ah! parle si tu veux toi-même:
Comment raconter sans douleur,
L'accident d'un maître qu'on aime?

JUSTINE.
Pour abréger d'un même coup,
Célicour!... O combat funeste!

LAFLEUR.
Ne voit qu'un peu, boite beaucoup.

LAURE.
Daignez m'éparguer le reste.
Ah! mon dieu! défiguré.

LAFLEUR.
Défiguré, madame... ce ne serait rien; il est affreux!

LAURE.
Des traits si charmans!

LAFLEUR.
Mais, madame, il est d'un courage...

JUSTINE.
D'une sensibilité si touchante; la première chose qu'il a dit à Lafleur après ce coup fatal...

LAFLEUR.
Oui, madame, la première chose qu'il m'a dit... c'est celle-ci: cours chez mesdames Delval, et dis-leur que si ma laideur ne les effraye pas, j'aurai l'honneur de leur faire ma cour ce soir.

LAURE.
Oh! qu'il s'en garde bien; cela me ferait trop de peine,

et pourrait exposer ses jours; et d'ailleurs, après un tel événement, comment pourrait-il venir jusqu'ici.

LAFLEUR.

Très-les tement, madame; l'amour fait bien d'autres prodiges; dans l'impatience qu'il a de voir ces dames, il est capable, tout en boitant, de marcher mieux que moi; d'ailleurs, qu'est-ce que c'est qu'un coup de sabre et une chûte de cheval? Je suis sûr que monsieur Célicour m'a suivi de très-près, et je ne serais pas étonné...

LAURE.

Justine, avertissez ma sœur du malheur de Célicour, et de sa visite que Lafleur nous annonce.

JUSTINE *qui a été au devant de Célicour.*

Hélas! madame, Lafleur dit trop vrai; voilà monsieur Célicour lui-même, si je ne me suis pas trompée.

LAFLEUR *bas à Justine.*

Ne vas pas nous trahir, tout serait perdu!..

(*Justine et Lafleur se retirent.*)

SCÈNE IV.

LAURE, CÉLICOUR.

LAURE *à part.*

Ah! mon dieu! quel changement! ce n'est plus le même homme. — Il est horrible.

CÉLICOUR.

AIR : *Soldat qui dans ces tristes tours.*

Vous voyez le sort d'un soldat
Qu'emporta trop loin son courage;

LAURE.

Célicour, de ce triste état
La gloire au moins vous dédommage.

CÉLICOUR.

Elle est d'un prix cher à mon cœur ;
Mais il en est un plus flatteur.

LAURE.

Tenez, je sens qu'à votre vue...
Mon ame en peine est trop émue.

CÉLICOUR.

Ah ! sur-tout, n'allez pas me fuir ;
Car j'ai quelque peine à courir.
Parlez-moi de bonne foi.... Vous me trouvez bien hideux... n'est-ce pas ?

LAURE.

Vous êtes... un peu... changé ; mais sûrement on vous a flatté d'une guérison prochaine.

CÉLICOUR *à part.*

Cette question-là ne me plaît pas. (*Haut.*) Hélas ! madame, au contraire, on ne m'a pas dissimulé qu'il fallait renoncer à toute espérance.

LAURE.

Savez-vous bien que c'est une chose très-fâcheuse ?...

CÉLICOUR.

Mais je ne suis point inquiet... Je lis dans votre ame.

AIR : *Rajeunir par la bonté.*

Non, non, Laure n'est point légère,
Et la perte d'un agrément,
D'une fleur vaine et passagère
N'altère point son sentiment ;
Attache-t-on ses destinées

A des traits que trop sûrement
Le tems détruit en peu d'années,
Et le hasard est un moment?

Oui... vous avez bien raison Célicour... Il vaudrait mieux que l'on pensât ainsi... Mais c'est que moi je sens que... Vous vous trompez.

CÉLICOUR.

Comment?...

LAURE.

AIR : *Tu croyais, en aimant Colette.*

Célicour, l'ardeur plus pure
Ne veut voir son objet qu'en beau ;
Et l'amour tient à la figure
Quoiqu'il ait, dit-on, un bandeau.

CÉLICOUR *à part*

La coquette est jugée ; mais amusons-nous... (*Avec vivacité.*) Non, non, je ne prendrai point de vous l'opinion que vous voulez m'en donner... J'aime trop l'illusion qui me rendrait heureux.

AIR : *De l'abbé du Vaucel.*

Souvent on doit à l'erreur
La plus douce ivresse ;
Souvent on perd son bonheur,
Quand le charme cesse ;
Et dans cet enchantement
Un tendre et fidèle amant
Préfère l'aveuglement
Au jour qui le blesse.

LAURE.

Allez, allez, Célicour, je suis plus à plaindre que vous ; vous ne perdez que vos agrémens, et moi, je perds l'idée que je m'étais faite de ma raison ; je vois que je ne suis qu'une femme ordinaire, dont le cœur n'est pas au-dessus des événemens.

CÉLICOUR.

Vous vous calomniez, soyez-en sûre.

LAURE.

Air : *N'en demandez pas davantage.*
Sans ce revers qui m'attendrit,
Hélas ! Célicour, quel dommage !

CÉLICOUR.

A présent mon cœur le chérit,
Puisque le vôtre le partage.

LAURE.

Oui, je vous plaindrai,
Vous regretterai....
N'en demandez pas davantage.

(*Constance paraît.*)

Au reste, voilà ma sœur... Ma sœur, tenez, regardez ; la lettre était pour vous. (*Elle donne la lettre à Constance, et sort en courant.*)

SCÈNE V.

CONSTANCE, CÉLICOUR.

CÉLICOUR *voyant Constance.*

(*A part.*) Ah ! Constance, combien je désire que mon cœur ne me trompe pas !

CONSTANCE.

O ciel ! il est donc trop vrai, Célicour ! Combien vous

m'alarmez! Quoi! vous sortez dans l'état cruel où vous êtes? Quelle imprudence!

CÉLICOUR.

Belle Constance, je ne vous fais donc pas horreur? Ce n'était qu'en tremblant que j'osais me presenter devant vous.

CONSTANCE.

Et vous aviez si mal jugé mon cœur, que vous étiez injuste!... Vous aviez besoin de consolations, et vous les trouverez toutes auprès de moi. (*Elle s'asseoit auprès de lui.*)

AIR : *Le sort vous fit naître en ces lieux.*
De votre cœur sensible et bon,
Je n'attendais pas moins, Constance;
Le mien à cet accueil répond
Par sa tendre reconnaissance;
Que l'amour n'est-il de moitié,
Quand de mes maux le cœur soupire;
Si ce n'était que la pitié,
Cachez-moi celle que j'inspire.

CONSTANCE.

Si tout ce qui souffre a des droits à ma sensibilité, elle est plus ou moins vive, selon l'objet qui l'émeut.

AIR :
A l'espect de la souffrance,
Je le sens, oui, Célicour,
L'on voit fuir l'indifférence,

CÉLICOUR *vivement*.
On voit fuir l'indifférence
(*Lentement.*)
Et voit-on naître l'amour?

CONSTANCE.

COMÉDIE,

CONSTANCE.

Ah! je ne dis pas cela tout-à-fait.

CÉLICOUR.

Je vais vous parler avec plus de confiance ; me le pardonnerez-vous ? — Ce Célicour de ce matin, d'une figure peut-être passable, — Etait tout autre que celui que vous voyez à présent ?

CONSTANCE.

Hélas !... oui, tout autre !

CÉLICOUR *à part.*

Hai... Voilà le moment dangereux. (*Haut.*) Dès que ce n'est plus lui... vous pouvez me répondre sans embarras.... Avait-il eu le bonheur de vous plaire ?

CONSTANCE.

Mais Célicour... ma sœur ; elle est bien aimable, sa gaieté, sa grace, ont dû m'effacer à vos yeux ?

CÉLICOUR.

M'avez-vous fait l'injure de croire que je balancerais un instant entre vous deux ?

CONSTANCE.

J'ai dû le craindre.

CÉLICOUR.

Ah! parlez...

CONSTANCE.

Quand ce Célicour (de ce matin), plein de charmes et d'agrémens, aurait fait quelqu'impressions sur mon cœur ?...

CÉLICOUR.

Ah! parlez, parlez, de grace! Je mettrais tant de prix à n'en pas douter !

D

CONSTANCE.

Eh bien, je ne m'en défendrai pas; Célicour... me plaisait!

CÉLICOUR.

(*A part.*) Ciel!... Décidons mon sort! Sensible Constance, daignez vous expliquer sans ménagemens et sans détours. — Quelques dehors aimables vous avaient prévenu favorablement pour moi... Blessé, défiguré, réduit à la douleur d'être jaloux de moi-même...

CONSTANCE.

Eh bien!

CÉLICOUR.

Retrouverai-je dans votre cœur cette flatteuse et consolante indulgence?

CONSTANCE.

Pouvez-vous le demander? — Célicour....

AIR : *Daigne écouter.*

On peut bien vaincre une tendre faiblesse,
Fuir un amant, résister à ses vœux;
Mais on ne peut, lorsqu'il nous intéresse,
Ne pas l'aimer s'il devient malheureux.

CÉLICOUR.

Ah! Constance, adorable Constance, vous me jetez dans un ravissement, dans une ivresse... Il faut vous avouer...

(*Il veut ôter son bandeau; il apperçoit Laure qui entre avec Lafleur et Justine.*)

(*A part.*) Non, voilà Laure; prolongeons son erreur.

CONSTANCE.

Ciel! ma sœur! Ménageons son amour-propre; mon

bonheur ne serait pas parfait, s'il troublait l'amitié qui nous unit.

CÉLICOUR.

Ah! Constance; Célicour va vous devoir à-la-fois son bonheur, et l'assurance d'une prompte guérison qui semble déjà commencée. (*Il se lève avec peine du canapé.*)

SCÈNE VI.

CONSTANCE, CÉLICOUR, LAURE, LAFLEUR, JUSTINE.

CONSTANCE.

Prenez garde; vous m'inquiétez, Célicour...

CÉLICOUR.

(*Il s'appuie sur le bras de Constance, et marche.*)

CONSTANCE.

Air : *Un bandeau couvre* (de l'Opéra de Richard).

Oui, ce bras......

CÉLICOUR.

Est mon soutien.

CONSTANCE.

Je tremble.....

Ne craignez rien, sans crainte je me livre;
Je pourrais, je crois, courir;
Constance, c'était mourir,
De ne pouvoir vous suivre.

LAURE *à part, au fond du théâtre.*

Que vois-je ?.... Elle lui parle tendrement !.... Elle est aveugle ou folle !

CONSTANCE.

Cher Célicour, je tremble !

CÉLICOUR.

Ne craignez rien.

LAURE *à part.*

Comment ! Eh bien !... Quoi ! d'honneur il lui plairait ?...

CÉLICOUR *se jette aux genoux de Constance.*

Je suis le plus heureux de tous les hommes.

LAURE *à part.*

Il n'est pas le plus beau.

CONSTANCE.

Vous me faites frémir ! relevez-vous....

LAURE *à part.*

Je l'en défie ! (*Haut en s'approchant.*) Ma sœur, vous avez du mérite.

CONSTANCE.

Non, ma sœur, tout au plus un peu de jugement, puisque malgré ses malheurs...... j'ai pu faire un choix que vous avez dédaigné.... Au reste.... Célicour aurait été bien à plaindre de n'intéresser aucune de nous deux !

CÉLICOUR.

Laure a peine à concevoir qu'une femme charmante puisse voir sans aversion un borgne, un boiteux....

LAURE.

Si vous voulez que je vous dise la vérité ; mais, oui.... cela m'étonne un peu.

COMÉDIE.

CÉLICOUR.

Mais si ce borgne, ce boiteux, ne devait pas l'être encore bien long-tems ? L'amour et le bonheur sont deux médecins bien habiles.

LAURE.

Ah ! comme les autres....

CÉLICOUR.

Vous voyez pourtant que je l'éprouve; car pour un boiteux il me semble que je ne marche pas mal. (*Il jette sa cane et marche.*)

LAURE.

Comment ! Il marche en effet !

CONSTANCE.

Ciel ! par quel prodige ?

LAURE.

Il est incroyable !.... Et si ce bandeau ne restait pas sur ses yeux....

CÉLICOUR.

Ah ! je n'y tiens pas du tout à ce bandeau ;.... s'il peut vous déplaire.... il faut l'ôter. (*Il ôte son bandeau.*)

LAURE *vivement*.

Ma sœur, il nous jouait toutes les deux ; c'est un monstre....

CONSTANCE.

Quoi ! Célicour, vous m'aviez trompée ! Mais mon cœur vous le pardonne ; il ne craignait aucune épreuve.

CÉLICOUR.

AIR : *Du noir au blanc.*

Quel bonheur dans cet heureux jour
Succède à mes alarmes !

LES DEUX VEUVES;

Mon cœur jouit de votre amour,
Mon œil revoit vos charmes;
Ma main soulève le rideau
Que plaça mon délire,
Et ce n'est pas le seul bandeau
Que cet instant déchire.

LAURE.

Quelle coupable adresse ! Ah ! ma sœur, prenez y garde ; un homme comme celui-là est capable de tout. Je lui crois mille défauts.

CÉLICOUR.

AIR : *Te bien aimer.*

Laure a raison, j'ai besoin d'indulgence
Pour mériter tant de graces et d'appas ;
J'ai des défauts ; mais Laure, mais Constance,
Corrigez-les et ne les comptez pas.

CONSTANCE.

Mais Célicour....

CÉLICOUR.

Ah ! ma Constance, ne me faites point un crime d'une épreuve qui se change en triomphe pour vous.

LAURE.

Quant à moi, je ne la lui pardonnerais jamais.

CONSTANCE.

Je ne la lui pardonne pas non plus, je l'en remercie.

VAUDEVILLE DE WICHT.

CÉLICOUR.

Laure, du bandeau de l'amour
S'échappe un rayon de lumière ;

Oui, je lui dois tout en ce jour,
Ah ! jugez-moi donc sans colère.
Oui, le destin sembla former
La grâce pour être légère ;
Si Constance sut mieux aimer,
Vous vous contenterez de plaire.

LAURE.

Célicour va vivre pour toi,
Du bonheur il a l'assurance ;
Mais est-il donc perdu pour moi ?
Quand il charme tes jours, Constance,
Sur-tout ne vas pas t'alarmer.
De ta sœur ne crains rien, ma chère ;
Car c'est à force de t'aimer
Que je prétends encor lui plaire.

CONSTANCE.

Celle qui craint qu'un sentiment
L'entraîne à l'objet qui l'engage,
Est moins tendre pour son amant,
Qu'elle n'est sensible à l'hommage ;
Elle cherche à tout enflâmer ;
Ma sœur, voilà tout le mystère :
Quand c'est un seul qu'on veut charmer,
Ne peut-on pas aimer et plaire ?

LAFLEUR.

On déchire enfin le bandeau,
Et sur les méchans on s'éclaire ;
Couvrons le passé d'un rideau,
Cette indulgence est nécessaire.
Espérons tous que les français
Reprendront leur vrai caractère ;
Chérissant les arts et la paix,
Ils sont nés pour aimer et plaire.

JUSTINE.

Quel sera votre jugement ?
A quoi l'auteur peut-il s'attendre ?
Les deux veuves en ce moment,
A vos bontés osent prétendre ;
Si votre accueil doux et flatteur
Ecarte la critique austère,
Elles auront en leur faveur
Tout ce qui sait aimer et plaire.

LE CHOEUR.
Ensemble.

Elles auront en leur faveur
Tout ce qui sait aimer et plaire.

Fin du second et dernier acte.

───────────

De l'Imprimerie de la rue du Bacq, N.º 610, la 2.e
porte à gauche en descendant le cidevant Pont-royal.

www.ingramcontent.com/pod-product-compliance
Lightning Source LLC
LaVergne TN
LVHW022145080426
835511LV00008B/1272